コンストラクティング ウォーキング ジャズ ベースラインズ ブック　1

ウォーキングベースラインズ
ブルース イン １２キー

ウォーキングジャズベースラインズを構築する為の
コンプリートガイド

ダブルベーシスト　アンド
エレクトリックベーシスト対応

著者　STEVEN MOONEY
スティーブン・ムーニー

© WATERFALL PUBLISHING HOUSE 2010

献辞

ジミー・バス、ダーシー・ライト、チャーリー・バナコス、
そして我が妻マドカ、彼女の変わらぬ愛情とサポートへ
この本を生涯に渡りジャズに貢献し
ジャズミュージシャンをサポートし続けたムハマッド・サラフディンに捧げる
晩年の彼との大切な思い出と共に・・・

Copyright © WATERFALL PUBLISHING HOUSE 2010

All Rights Reserved
No part of this publication may be produced, stored in a retrieval system or transmitted in any form or means , photocopying , mechanical or electronic without prior written permission of Waterfall Publishing House.

Print Edition ISBN 978-0-9829570-1-1
Library of Congress Control Number: 2010936518

Ebook   ISBN 978-0-9829570-4-2
Japanese Edition ISBN 978-0-9829570-8-0

Musical Score : Jazz
Musical Score : Studies & exercises, etudes

Layout and music engraving by Steven Mooney
Cover Design by Steven Mooney

Japanese translation by Shinya Yonezawa
and Madoka Mooney

訳者　米澤　信哉
　　　マドカ　ムーニー

© WATERFALL PUBLISHING HOUSE 2010

まえがき

本書ブルース イン １２キーはトラディショナルなジャズで
演奏されているウオーキングベースライン奏法を説明している
パーフェクトなガイド本です。
本書のパート１では力強いハーモニーとリズムの基礎を
身につける為に必要なフォワードモーションをベースラインに
取り入れる為の様々なテクニックを紹介しています。
エクササイズではダブルベーシスト、エレクトリックベーシストの
ボトムレジスターを用いた力強いジャズベースラインが
取り入れられています。
ダブルベーシストへのボーナスとしてパート１では
オープンポジションでのFキーのブルースの完全ガイドを掲載しています。
このガイドはベーステクニックをビルドアップするのにとても有効です。

パート２ではパート１で使ったテクニックをさらに広げて
プロフェッショナルレベルのベースラインを１２全てのキーで
紹介しています。
そのベースラインはホールレジスターを用いた
１５０コーラスを超える実例を含んでいます。
その実例のベースラインでは多くの重要な上級テクニックが
織り込まれていますが、そのテクニックはジャズスタイルの中の
ベース本来のの役割から逸れる事が決してないように考慮されています。
ベースの持つリズムの力強い基礎部分そして音楽を形作る
ハーモニーを演奏出来るように、
そしてメロディー／ソロイストをサポートする為のテクニックを
身に付ける事が出来るようにとこの本は作られました。

© WATERFALL PUBLISHING HOUSE 2010

目次

パート1　ブルース　イン　F

"2"フィール .... P. 6

ジャズにおけるブルースのコード進行
および三和音の適用 .... P. 7

"2"フィールを装飾する .... P. 11

ドミナントセブンス　コード .... P. 12

下からのクロマティック（半音階）アプローチ .... P. 15

上からのクロマティック(半音階)アプローチ .... P. 18

半音階主義、、、、
ウォークアップとウォークダウン .... P. 21

同音連打とクロマティシズム .... P. 23

ハーモニックアンティシペーション
（和声的な先行打）及び、小節をまたぐ .... P. 25

ボイスリーディングとセブンスコード .... P. 28

ペダルポイント .... P. 30

トライトーンサブスティテュート .... P. 32

ターンアラウンド .... P. 35

パート2　ブルース イン　12 キー

ブルース　イン　F .... P. 37

ブルース　イン　Gb .... P. 42

© WATERFALL PUBLISHING HOUSE 2010

目次

ブルース　イン　G .... P. 47

ブルース　イン　Ab .... P. 52

ブルース　イン　A .... P. 57

ブルース　イン　Bb .... P. 62

ブルース　イン　B .... P. 67

ブルース　イン　C .... P. 72

ブルース　イン　Db .... P. 77

ブルース　イン　D .... P. 82

ブルース　イン　Eb .... P. 87

ブルース　イン　E .... P. 92

あとがき .... P. 97

ブルース　イン　１２キー

パート１　"２"フィール(2 Feel)

次のブルースの練習課題は、"２"フィールを使った、基本的なベースラインを示しています。調性はヘ長調（Ｆのキー）です。この"２"フィールは、曲のテーマ及び最初のソロコーラスにおいてしばしば用いられ、バンド及びソロイストが曲を盛り上げていくのに役立ちます。下記の練習課題は、トライアド（三和音）として知られるコードの構成音、１，３，５を基に、この"２"フィールのリズムを使って書かれているものです。

© WATERFALL PUBLISHING HOUSE 2010

ブルース イン 全12キー

ジャズにおけるブルースのコード進行および三和音の適用

次の項では、ジャズにおけるブルースのコード進行に、どのように三和音を使って
ベースラインを組み立てて行くかについて見ていきます。
スケールの1度、3度、5度、或いは、和音の1, 3, 5（同じ事ですが）から
構成される三和音は、ベースラインに使用されることによって、コード及び
コード進行の輪郭を形作り、音楽が強力に前へ進む力を得ます。
次の例は、Fメージャースケールから、どのようにしてダイアトニックトライアド
（全音階三和音）を取り出すかを示しています。ダイアトニックトライアドは、下記の例
のように、スケールの全ての音を基に、3度の間隔で構成されます。
注意として、この例で示されている、スケールの第5音から作られているファイブコード
（V chord）はメージャートライアド（長三和音）になっていますが、これはb7thを
加えるとドミナントセブンスコード(属七)になります。

Fメージャースケール（ヘ長調音階）

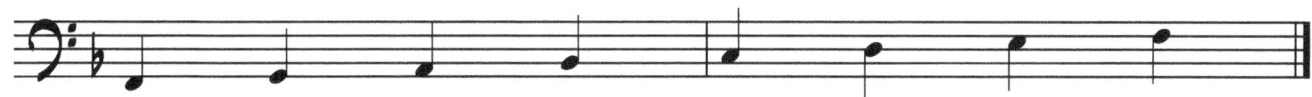

Fメージャーダイアトニックトライアド（ヘ長調全音階三和音）

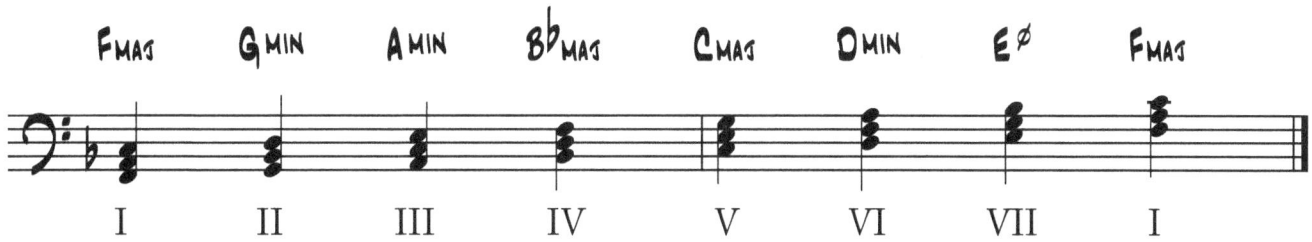

次の例では、Fメージャートライアドの転回形を示しています。
転回形とはコードの構成音からどの音を基に組み立てるかで、Fトライアドの場合、
Fをベースにした基本形に加えて、Aをベースにした第一転回形、Cをベースにした
第二転回形と、二種類あることになります。

© WATERFALL PUBLISHING HOUSE 2010

ブルース　イン　全１２キー

次の例は、Ｆブルースの最初の４小節です。
トライアドのみを使っていますが、コードの転回形や、音の置き換えなどを組み入れて、
ベースラインに前進する動きと輪郭を与えています。

次の例では、ジャズブルースのコード進行を示しています。
これからこの進行を使ってベースラインを組み立てて行きますが、
ジャズにおけるブルースでは、より多くの和声的なバラエティがあります。
例えば、８小節目にはII-V（ツーファイブ）進行があります。
このII-VはG-7コードに解決し、またそのG-7から始まるII-Vでは、最後の２小節である
ターンアラウンドに引き継いでいくことになります。

ジャズのブルースコード進行 イン F

ブルース イン 全12キー

下記の例は、ジャズブルースコード進行の8、9小節目を示しています。
G-7に解決されるII-Vがありますが、A-7のA音はGマイナースケールの第2音にあたり、
またD7のD音は第5音にあたることが、これらII-Vという呼び方の由来となっています。

次の例は、ブルース進行の7小節目から、ターンアラウンドにかけてです。
Fメージャースケールのダイアトニックトライアドの例を、もう一度見てみると、
7小節目以降のコード進行がどのようになっているか、良く分かると思います。
7小節目はルート、Iのコードで始まり、以下このように続きます
｜I｜III VI｜II｜V｜I VI｜II V｜。
ダイアトニックセブンスコード（ダイアトニックトライアドに7番目の音を足したもの）
を見てみると、A-7は3番目のコードであり、G-7はスケールの2番目、C7は5番目、
D-7は6番目のコードとなっています。
何故、8小節目において、D-7ではなく、Dドミナントセブンス（D7）なのかと言うと、
前の説明のように、解決するG-7をIとして考えて、II-VI進行の一部として機能して
いるからです。
このようなドミナントセブンスコードをセカンダリードミナントと呼びます。

© WATERFALL PUBLISHING HOUSE 2010

ブルース イン 全12キー

次の例は、"2"フィールを使ったFのキーのブルース進行、2コーラスです。
これはトライアドのみを使った基礎的なベースラインになります。

ブルース イン 全12キー

"2"フィールを装飾する

次の例では、音楽に前に進む力を持たせるために、"2"フィールに、リズムの要素を
取り入れていきます。またこのように、"2"フィールをくずすことによって、
4フィールへの移行の助けにもなります。
下記の例のように、ラインをくずして行くとき、重要になるのは、曲のメロディー、或いは
ソロイストをサポートする、ということを、いつでも念頭において置くということです。
2回目のコーラスの最後の4小節では、次のコーラスで4フィールへ移行していく様子が
見て取れます。

ブルース イン 全１２キー

ドミナントセブンスコード

次の例では、"４"フィールを使ったFブルースを示しています。
この例では、まだベースラインを作るのにトライアドを使用しています。
４小節目と６小節目には、ドミナントセブンスコードが見られます。
ここで、ドミナントセブンスコードのｂ７の音を、次のコードのコードトーンに
ボイスリーディングしてみましょう。

例１、４小節目のF7のb7thであるEbは、次のコードのBb7の３度の音、Dに半音下がる。

例２、４小節目のF7のb7thであるEbは、次のコードのBb7の５度の音、Fに全音上がる。

例３、　６小節目、Bb7のb7thであるAbが、F7の３度であるAに半音上がる。

例１．　４、５小節目

例２．　４、５小節目

例３．　６、７小節目

© WATERFALL PUBLISHING HOUSE 2010

ブルース イン 全12キー
ジャズブルース イン F

ウォーキングベースライン（"4"フィール）による、ドミナントセブンスの
ボイスリーディングの例。

ブルース　イン　全12キー

ブルース イン 全12キー

下からのクロマティック（半音階）アプローチ

次の例ではクロマティックアプローチノートを使っていきます。
この項では、ターゲットコードのコードトーンの半音下のアプローチノートを使います。
コードトーン自体も、次のコードのクロマティックアプローチノートになり得ますが、
ここでは、コードトーン以外のクロマティックアプローチノートを使うこととします。
これらは、ラインの輪郭や、固有のサウンドを作り出すのに、非常に有用なテクニックです。
クロマティックアプローチノートは、他のテクニックと共に、全てのベーシストが日々
求める、"自分のサウンド"を形作る基礎になり得ます。

例1、1小節目と2小節目、Bb7の3度であるDに半音下からアプローチするC#があります。

例2、9小節目と10小節目、C7のルートであるCに半音下からアプローチするBがあります。

例3、10小節目と11小節目、F7の3度であるAに半音下からアプローチする
　　　G#があります。

© WATERFALL PUBLISHING HOUSE 2010

ブルース イン 全12キー

ジャズブルース イン F

次の3コーラスのFブルースは、半音下から、
次のコードのコードトーンへのアプローチノートの演奏例です。

© WATERFALL PUBLISHING HOUSE 2010

ブルース イン 全12キー

ブルース イン 全１２キー
上からのクロマティック(半音階)アプローチ

次の例は、前項から続く、クロマティックアプローチですが、今回は、ターゲットコードの
コードトーンに半音上からアプローチするアプローチノートについてです。
前の例からも分かるように、クロマティックアプローチは正しく使えば、大変効果的ですが、
反面、多用すると、その効果を失いがちでもあります。
クロマティックアプローチを使う上での、一般的なルールとしては、１拍と３拍では
コードトーンを使い、２拍と４拍で、クロマティックアプローチを使うということになります。
使い方に慣れることで、ベースラインの輪郭と方向性が見えてくれば、どこで
クロマティックアプローチを使うと効果的か、ということも分かってくるでしょう。

例１、１小節目と２小節目、Bb7のルートであるBbに、半音上からアプローチする、
　　　Bがあります。

例２、９小節目と１０小節目、C7のルートであるCに、半音上からアプローチする、
　　　Dbがあります。

例３、１０小節目と１１小節目、F7のルートであるFに、半音上からアプローチする、
　　　F#があります。

© WATERFALL PUBLISHING HOUSE 2010

ブルース イン 全12キー

ジャズブルース イン F

次の3コーラスのFブルースは、半音上から、
次のコードのコードトーンへのアプローチノートの演奏例です。

ブルース イン 全12キー

ブルース イン 全12キー

半音階主義、、、、ウォークアップとウォークダウン

次の例では、続けて半音階アプローチについて、ジャズのベースで、よく使われる
2つのテクニックについて述べます。
ウォークアップとは、次のコードに2段階のクロマティックノートで、下からアプローチ
することを言います。ウォークダウンとは、次のコードに2段階のクロマティックで、
上からアプローチすることを言います。これらは大変力強いベースの動きであり、
ラインがどこに向かっていくかがはっきりとします。

例1、ウォークアップの例です。
F7のルートFに向かって、下から2段階のクロマティックアプローチがあります。

ジャズブルース イン F

ウォークアップ、ウォークダウンのテクニックを使った、Fブルース、3コーラスの演奏例。

© WATERFALL PUBLISHING HOUSE 2010

ブルース イン 全１２キー

ブルース イン 全12キー

同音連打とクロマティシズム

次の例では、半音階と同音連打の組み合わせについて述べます。
同音連打は、ハーモニーの移り変わりが多くなってくると、特に有用です
（1小節に2つのコードがある場合など）。
同音連打は、ビーバップの時代に、コードの構成が1小節内に、2つ、或いは4つと、
多くなってきたことから、とりわけよく使われるようになりました。
同音連打は、ハーモニーの輪郭を形作ることで、コードの移ろいの感覚が
よりはっきりすると同時に、音楽が前進する力も与えます。

© WATERFALL PUBLISHING HOUSE 2010

ブルース イン 全１２キー

ハーモニックアンティシペーション
（和声的な先行打）及び、小節をまたぐ奏法

次の例では、小節をまたぐ奏法、或いは次のコードに先行して弾くテクニックについて
見て行きます。例えば、ハーモニーが１拍、或いは半拍早く演奏されて、それが次の小節に
タイで結ばれているとします。
これも、ベースラインに前進する力を与える一つのテクニックです。このテクニックを
ベースラインに組み入れていく時に重要になってくるのは、メロディー、或いはソロイストを
サポートして、安定した基礎を提供するということです。

例１、　Fブルースの３、４小節目です。
　　　　C音がF7の小節の４拍目からタイで結ばれています。
　　　　このC音は、ターゲットのコードであるC-7のルートであり、かつF7の５度である
　　　　ことにも注目してください。この例では、C-7を１拍先行して弾くということです。

tied note
（タイノート）

例２、　Fブルースの４、５小節目です。
　　　　今回は、小節の最後の半拍で弾かれたD音が、タイで結ばれています。
　　　　この例では、Bbのコードを半拍先行して弾く事になります。

ブルース イン 全12キー

ジャズブルース イン F

次の例は、タイで結ばれた先行音の演奏例、3コーラスです。

ブルース イン 全12キー

ブルース イン 全12キー

ボイスリーディングとセブンスコード

次の例では、セブンスコードを使って、ブルースのベースラインでボイスリーディングを
行っていきます。ボイスリーディングは全ての和声的な楽器において、大変有用な
テクニックです。
ここで言うボイスリーディングとは、コードトーンが次のコードのコードトーンに、全音、
或いは半音で解決することを言います。これによって、ベースラインはより力強くなり、
ピアノのコードボイシングとも共有する部分が出てきます。
ソロイストは、しばしばガイドトーンラインを作るのに、この方法を使います。

例1、　ここにC-7 - F7の進行があります。
　　　　C-7の短7度であるBbが、半音下がってF7の3度であるAに解決していることに
　　　　注目してください。

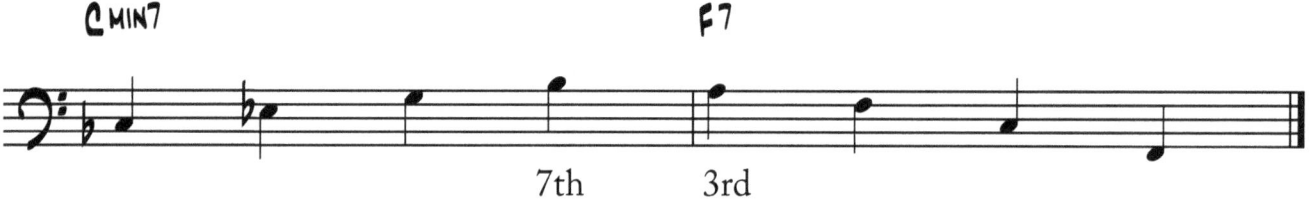

例2、　ここにA-7 - D7の進行があります。
　　　　A-7の短7度であるGが、半音下がってD7の3度であるF#に解決していることに
　　　　注目してください

例3、　ここにG-7 - C7の進行があります。
　　　　G-7の短7度であるFが、半音下がってC7の3度であるEに解決していることに
　　　　注目してください

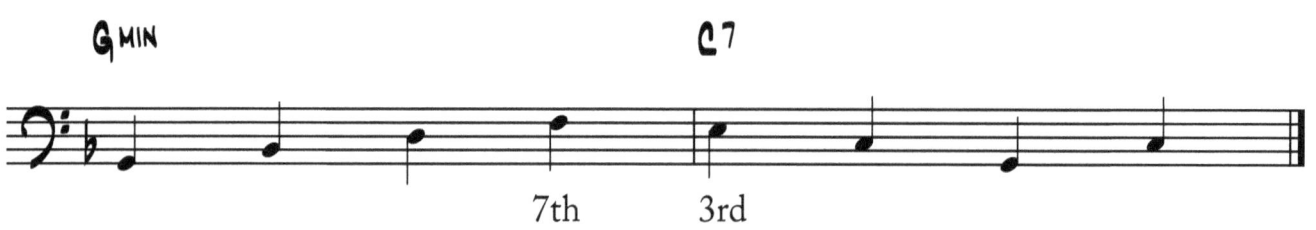

© WATERFALL PUBLISHING HOUSE 2010

ブルース イン 全12キー

ジャズブルース イン F

次のFブルース、2コーラスは、セブンスコードのボイスリーディングの演奏例です。

ブルース イン 全12キー

ペダルポイント

次の例では、ペダルポイントと呼ばれるテクニックについて見て行きます。
これには様々な種類があります。同じ音を何拍も、何小節にも渡って繰り返すもの、
特定のリズムを伴うペダルポイントなど。ペダルポイントは、曲のイントロでよく
使用されます。例えば、管楽器奏者に、ドミナントのペダルを弾いて欲しい、
と言われるようなことがあったりするでしょう。
色んなペダルポイントが存在しますが、ジャズでよく使われるのは、2拍と4拍目に
ペダルノートを弾く、というものです。他のタイプのペダルポイントの使用方法に、
全てのコード進行を通じて一つのベース音のみを弾くことによって、音楽の緊張感を
高めるものがあります。
これは、後にペダルの音が解除されて、ウォーキングベースに切り替わることによって、
緊張が解け、音楽にメリハリがでます。これらは、バンドが真に何かを表現しようと
しているという感覚を、聴衆に持たせることができるでしょう。

ブルース イン 全12キー

ブルース イン 全12キー

トライトーンサブスティチュート

次に見ていくのは、トライトーンサブスティチュートとして知られる、和声的なテクニックです。これは、とりわけビバップの時代によく使われました。
トライトーンサブスティチュートはメロディーやソロに対して、違ったコードテンションを作るのに使われ、また、メロディーをより面白く、また違った感じにすることもできます。
これは個人的な好みの分野でもあります。
もう一つの機能としてのトライトーンサブスティチュートは、半音階的なベースの動きを作り出し、非常に強力な前進力を生み出すということです。
トライトーンという言葉は、基になる音から、全音3つ分離れている、というところに由来しています。

次の例では、G-7 - C7 ｜F7 という進行があります。
ドミナントセブンスコードはトライトーンの音程の2音だけで、表現することが出来ます。
この例では、C7は、コードのルートから長3度と短7度であるEとBbを使って弾くことが出来ます。
トライトーンの持つ特徴的な音程のために、その音はすぐさまドミナントセブンスであると分かるでしょう。メジャーコードや、マイナーコードにはトライトーンの音程は含まれていません。
下記の例を見てみると、C7、Gb7の両方のコードから、共通の音を弾くと、EとBbになり、異なったコードながら、コードの性格を形作る大本の部分が、同じであることから、置き換えが可能、ということになります。

この例では、C7 = Gb7というトライトーンサブスティチュートがあります。
C7のルートから3全音分の位置にあるのは、Gb7、ということになります。

© WATERFALL PUBLISHING HOUSE 2010

次の例では、C7とGb7の共通の音、EとBbは、トライトーンの音程になっています。

次の例では、II- V Iの進行を見てみます。
G-7 C7｜F7という進行は、トライトーンサブスティチュートを使うと、
G-7 Gb7｜F7になります。半音階的なコード進行になります。

次の例では、このトライトーンサブスティチュートに、II-7を足して、Db-7 Gb7という
II- V進行にしています。

次の例では、コード進行をもっと密にして、和声的な変化をより豊富にしています。
元の進行G-7 C7を維持しながら、その後にサブスティチュートのII -Vを持ってくる、
という格好になっています。

ブルース イン 全12キー
ジャズブルース イン F

次の、2コーラスのFブルースは、トライトーンサブスティチュートの演奏例です。

ターンアラウンド

この項では、ターンアラウンドについて見て行きます。
ターンアラウンドとは、曲の頭に引き継ぐ役目を果たす、コード進行の最後の２小節に
あたります。頻繁にバンドの誰かが、"turn it around"と言うのを
耳にするかも知れません。これは次の曲を、ターンアラウンドで始めるということです。
ペダルポイントのイントロと同じく、ターンアラウンドで始めるイントロもよく使われ、
曲のメロディーが入ってくるまで、何度も繰り返すことができます。

最も一般的なターンアラウンドは、Ⅰ Ⅵ Ⅱ Ⅴという進行ですが、ブルースでは、
この例のように、Ⅰコードはドミナントコードになっています。

次の例では、ⅠコードをⅢコードと取り替えてみます。
例の中では、Ⅵコードがドミナントセブンスコードになっていますが、これは、
G-7への、セカンダリードミナントとして機能しているからです。

次の例では、このターンアラウンドに、トライトーンサブスティチュートを適用して
いきます。するとコード進行は下記のようになり、ルートの動きが半音階になります。

© WATERFALL PUBLISHING HOUSE 2010

ブルース イン 全１２キー

もう一つのIII VI II V進行のバリエーションとしては、全てのコードをドミナントにする、
というものがあります。ここでもセカンダリードミナントの原理が適用されます。
これは、Ⅴ of Ⅴ（Vコードに解決するドミナントVコード）と言われる進行になります。
この進行はリズムチェンジズ（循環）のブリッジ部分でも使われているものです。
このFブルースにおいては、III VI II Vはこのようになります。

上の進行に、トライトーンサブスティチュートを適用することによって、次のような
ターンアラウンドになります。これも一般的なターンアラウンドです。

次の例では、このターンアラウンドの進行に、関連するII-7を適用しています。
見ると分かるように、組み合わせの可能性は膨大です。

このように、様々なサブスティチュートの使い方を見てみると分かるように、いつでも、
多くのバリエーションの可能性が演奏者にあることになります。
これらのターンアラウンドを全てのキーで練習するようにしてください。先に述べたように、
これらのターンアラウンドは、曲のイントロやエンディングにも使うことができます。

© WATERFALL PUBLISHING HOUSE 2010

パート2　ブルース イン 12 キー

この本の続く項では、、パート１で述べた全てのテクニックを盛り込んだ150コーラスを超えるジャズブルースのライン、全12キーについて見て行きます。
これらのベースラインは、楽器の音域を最大限に使って書かれていますが、しっかりした基礎を提供し、メロディーやソロイストをサポートする、というジャズの語法の中での、ベースの基本的な役割をきちんと保っています。
これらのラインを全てのキーで練習するという目的は、単に、12キーに慣れるということのみならず、各ベース奏者が、自身のスタイルとサウンドを培っていくことを求めるものです。
また、向上心のあるジャズベーシストにとって、全てのことを12キーで練習し、
バンド上ですぐさま移調できる、ということは絶対的に重要で、価値があり、
全てのベース奏者が日々求めていることでもあるのです。

ブルース イン 全12キー

ブルース イン 全12キー

ブルース イン 全12キー

ブルース イン 全12キー

ブルース イン Gb

© WATERFALL PUBLISHING HOUSE 2010

ブルース イン 全12キー

43

ブルース イン 全12キー

ブルース イン 全12キー

ブルース イン 全12キー

ブルース イン G

ブルース イン 全12キー

ブルース イン 全12キー

ブルース イン 全12キー

ブルース イン Ab

© WATERFALL PUBLISHING HOUSE 2010

ブルース イン 全12キー

ブルース イン 全12キー

ブルース イン 全12キー

ブルース イン 全12キー

ブルース イン 全12キー

© WATERFALL PUBLISHING HOUSE 2010

ブルース イン 全12キー

© WATERFALL PUBLISHING HOUSE 2010

ブルース イン 全１２キー

ブルース イン 全12キー

ブルース イン 全12キー

ブルース イン Bb

ブルース イン 全12キー

63

ブルース イン 全12キー

ブルース イン 全12キー

65

ブルース イン 全12キー

© WATERFALL PUBLISHING HOUSE 2010

ブルース イン B

ブルース イン 全12キー

ブルース イン 全12キー

ブルース イン 全12キー

ブルース イン 全12キー

© WATERFALL PUBLISHING HOUSE 2010

ブルース イン 全12キー 75

ブルース イン Db

ブルース イン 全12キー

ブルース イン D

ブルース イン 全12キー

ブルース イン 全12キー

ブルース イン 全12キー

ブルース イン 全12キー

ブルース イン 全12キー

© WATERFALL PUBLISHING HOUSE 2010

ブルース イン 全12キー

ブルース イン 全12キー

ブルース イン 全12キー

ブルース イン 全12キー

ブルース イン 全12キー

あとがき……

本書に掲載されている全ての実例と全12キーのブルースラインを
練習して一番最後のページに辿り着くまでには大変な努力と
たゆまない練習が掛かった事と思います。
本書の狙いはどのようにしてウォーキング　ジャズベースラインを
構築していくか、そしてどのようにベーシストとしてメロディー／
ソロイストをサポートしていくかの理解を含んだ確実な基礎を
意欲的なベーシストに紹介していく事です。

本書の中にある題材を理解し身に付けたあなたはそれをもとに
一人のベーシスト、一人のジャズミュージシャンとして
あなた自身のやり方であなた自身の音楽を探求していって下さい。
出来る限り沢山の音楽を聴いて欲しいと思います。
とりわけマスターと呼ばれている人達の音楽を聴いて下さい。

[注]
本書は学生の方にも分かりやすくリーディング、
理解出来るようにコードシンボルはジャズスタイルを
背景にしています。従って異名同音
（例　Cb7がB7と表示）が使われています。

本書は音楽をを勉強している学生の方にも簡単に
理解してもらえるように出来るだけ分かりやすく
説明しています。
ベースプレイヤーとしての自信を理解と共につけていける様に。

© WATERFALL PUBLISHING HOUSE 2010

ブルース イン 全１２キー
Other books available in this series このシリーズのその他の本

PRINT EDITIONS   出版物

" Constructing Walking Jazz Bass Lines " Book I
Walking Bass Lines : The Blues in 12 Keys
コンストラクティング　ウォーキング　ジャズベースラインズ　ブック　I
ウォーキング ベースラインズ　ブルース　in 12 keys

" Constructing Walking Jazz Bass Lines " Book II
Walking Bass Lines : Rhythm Changes in 12 keys
コンストラクティング　ウォーキング　ジャズベースラインズ　ブック　II
ウォーキング ベースラインズ　リズムチェンジズ（循環）in 12 keys

" Constructing Walking Jazz Bass Lines " Book III
Walking Bass Lines : Standard Line coming soon
コンストラクティング　ウォーキング　ジャズベースラインズ　ブック　III
ウォーキング ベースラインズ　スタンダードライン　（カミングスーン）

Bass Tablature Series ベースタブ譜シリーズ

" Constructing Walking Jazz Bass Lines " Book I
Walking Bass Lines : The Blues in 12 Keys -Bass TAB Edition
コンストラクティング　ウォーキング　ジャズベースラインズ　ブック　I
ウォーキング ベースラインズ　ブルース　in 12 keys　タブ譜バージョン

" Constructing Walking Jazz Bass Lines " Book II
Walking Bass Lines : Rhythm Changes in 12 Keys - Bass TAB Edition
コンストラクティング　ウォーキング　ジャズベースラインズ　ブック　II
ウォーキング ベースラインズ　リズムチェンジズ（循環）in 12 keys　タブ譜バージョン

" Constructing Walking Jazz Bass Lines " Book III
Walking Bass Lines : Standard Line - Bass TAB Edition - coming soon
コンストラクティング　ウォーキング　ジャズベースラインズ　ブック　III
ウォーキング ベースラインズ　スタンダードライン　　タブ譜バージョン(カミングスーン)

© WATERFALL PUBLISHING HOUSE 2010

E-BOOK EDITIONS イーブックシリーズ

" Constructing Walking Jazz Bass Lines " Book I
Walking Bass Lines : The Blues in 12 Keys
コンストラクティング　ウォーキング　ジャズベースラインズ　ブック　I
ウォーキング ベースラインズ　ブルース　in 12 keys

"Constructing Walking Jazz Bass Lines " Book II
Walking Bass Lines : Rhythm Changes in 12 keys
コンストラクティング　ウォーキング　ジャズベースラインズ　ブック　II
ウォーキング ベースラインズ　リズムチェンジズ（循環）in 12 keys

" Constructing Walking Jazz Bass Lines " Book III
Walking Bass Lines : Standard Line - coming soon
コンストラクティング　ウォーキング　ジャズベースラインズ　ブック　III
ウォーキング ベースラインズ　スタンダードライン(カミングスーン）

Bass Tablature Series ベースタブ譜シリーズ

" Constructing Walking Jazz Bass Lines " Book I
Walking Bass Lines : The Blues in 12 Keys -Bass TAB Edition
コンストラクティング　ウォーキング　ジャズベースラインズ　ブック　I
ウォーキング ベースラインズ　ブルース　in 12 keys　タブ譜バージョン

" Constructing Walking Jazz Bass Lines " Book II
Walking Bass Lines : Rhythm Changes in 12 Keys - Bass TAB Edition
コンストラクティング　ウォーキング　ジャズベースラインズ　ブック　II
ウォーキング ベースラインズ　リズムチェンジズ（循環）in 12 keys　タブ譜バージョン

© WATERFALL PUBLISHING HOUSE 2010

ブルース イン 全12キー

Bass Tablature Series cont.

" Constructing Walking Jazz Bass Lines " Book III
Walking Bass Lines : Standard Line Bass Tab Edition - coming soon
コンストラクティング ウォーキング ジャズベースラインズ ブック III
ウォーキング ベースラインズ スタンダードライン （カミングスーン）

最新のニュース，新刊のお知らせは下記のホームページをご覧下さい。

http://WATERFALLPUBLISHINGHOUSE.COM

http://CONSTRUCTINGWALKINGJAZZBASSLINES.COM

http:// BASSTAB.NET

ウォーターフォールパブリッシングハウスはザ ツリー フォー ザ フューチャー オーガニゼーションと提携しています。
 （ザ ツリー フォー ザ フューチャー オーガニゼーションのホームページ www.plant-trees.org）。
ウォーターフォールパブリッシングハウスは ツリー フォー ザ フューチャー オーガニゼーションのツリー プランティング プログラムを通して コンストラクティング ウォーキング ジャズ ベースライン シリーズの本1冊が購入される度に世界中に2本の樹を植えています。

© WATERFALL PUBLISHING HOUSE 2010

www.ingramcontent.com/pod-product-compliance
Lightning Source LLC
Chambersburg PA
CBHW080552170426
43195CB00016B/2766